RAPPORT

SUR LE

SERVICE DE LA VACCINE

Pendant la période triennale 1865, 1866, 1867,

Au nóm

DE LA COMMISSION PERMANENTE DE VACCINE,

PAR

LE Dr H. DUCLOS,

Secrétaire.

L'arrêté préfectoral du 11 novembre 1865 confie le service de la vaccine, dans le département de la Seine-Inférieure, au Conseil central d'hygiène publique et de salubrité, aux Conseils d'hygiène d'arrondissement, et aux Commissions cantonales de salubrité.

L'article 2 de cet arrêté attribue à la Commission permanente de vaccine, composée de MM. Vingtrinier, Clouet, Hélot, Verrier aîné et Duclos, la mission, entr'autres, de proposer le système des récompenses à accorder aux vaccinateurs.

L'article premier du rapport fait au Conseil central d'hygiène par la Commission permanente de vaccine, dit que cette Commission appréciera le mérite respectif des vaccinateurs et proposera les récompenses à décerner. L'article 13 du même rapport porte que tous les trois ans,

1

ou plus souvent, si la situation des crédits le permet, des récompenses seront accordées par l'Administration supérieure aux vaccinateurs qui se seront le plus distingués par leur zèle et leur dévouement.

Trois années se sont écoulées depuis la dernière distribution des récompenses. Le Conseil général de notre département a décidé l'inscription au budget de 1868 du crédit suivant : Sous-Chapitre 8, art. 2, dépenses du service de la vaccine et distribution des récompenses, 6,000 francs.

Nous avons donc à examiner les services rendus par les vaccinateurs pendant les années 1865, 1866, 1867.

Les vaccinateurs, disons-le tout d'abord, n'ont pas failli à leur devoir. Nous sommes certains que la vaccination n'a pas langui dans le département, d'autant plus que l'épidémie de variole de 1864-1865 a été un stimulant puissant pour les familles, qui les a poussées à réclamer les bienfaits de la vaccine.

Les circonscriptions vaccinales sont restées telles qu'elles existaient sous la direction de l'ancien Comité central de vaccine. Les rapports des populations avec les vaccinateurs spéciaux n'ont donc pas changé.

Mais les modifications apportées dans les rouages du service entre les vaccinateurs et l'autorité administrative ont amené une certaine hésitation qui aujourd'hui n'existe déjà plus.

MM. Beauregard, Lallemant, Lefebvre, De Bommy, secrétaires des Conseils d'hygiène des arrondissements, ont mis tout le zèle désirable pour faire savoir aux vaccinateurs qu'un mouvement de décentralisation administrative s'était opéré et que dorénavant chaque vaccinateur avait à s'adresser au Conseil d'hygiène de son arrondissement, qui était chargé de la surveillance du service vaccinal, que le secrétaire de ce Conseil était désormais dépositaire du vaccin, des tubes, des plaques de verre, des listes de vaccination, des affiches, des certificats, etc., enfin que toutes les communications relatives à la variole et à la vaccine devaient lui être envoyées.

La Commission permanente de vaccine a reçu, pour l'éclairer dans l'accomplissement de la mission qu'elle remplit aujourd'hui, les rapports sur le service vaccinal que chaque Conseil d'hygiène d'arrondissement transmet à M. le Préfet tous les ans, accompagnés des listes des opérations pratiquées par les vaccinateurs.

Nous devons tenir compte aussi des envois de vaccin exécutés dans des conditions satisfaisantes.

Enfin, le vaccinateur devait, en 1865, plus qu'en toute autre circonstance, noter les cas de variole qu'il avait observés, en mentionnant exactement le nombre des individus morts, estropiés ou défigurés par la maladie, en ayant soin d'indiquer s'ils avaient été ou non vaccinés.

Nous devons remarquer ici que MM. les Maires ne certifient pas tous les listes de vaccination ; ils se contentent de légaliser la signature du vaccinateur. L'art. 11 du rapport de la Commission permanente leur demande qu'ils *certifient* les listes.

MM. les maires doivent soumettre aux commissions cantonales, si elles fonctionnent, ou à leur défaut, au Conseil d'hygiène de leur arrondissement, les listes des vaccinateurs spéciaux.

Nous prions les vaccinateurs d'envoyer leurs listes chaque année régulièrement, c'est un point qui n'a pas toujours été observé.

Ceux qui pratiquent des revaccinations doivent prendre

la précaution de les distinguer des vaccinations. D'ailleurs, la liste des revaccinations doit être conçue suivant un autre mode que celle des vaccinations. Ainsi, quand nous examinons une liste de vaccinations, nous avons sous les yeux la liste des opérations qui ont réussi, car il serait puéril d'inscrire celles qui n'ont pas eu de succès. Mais quand il s'agit de revaccinations, il ne suffit pas de noter celles qui ont réussi, il n'y a pas d'ailleurs de mérite à ce que les revaccinations aient du succès, mais nous avons besoin d'avoir l'énumération de toutes les personnes revaccinées avec l'indication précise de leur âge et du succès ou de l'insuccès de l'opération. Une liste de revaccinations sans cette indication est complètement stérile.

Nous demandons que MM. les Maires inscrivent sur les tableaux de vaccinations le chiffre de la population de la commune et celui des naissances pendant l'année.

C'est un élément de comparaison qui nous permet d'apprécier le zèle du vaccinateur, qui, en présentant la liste d'un nombre de vaccinations relativement faible, peut néanmoins avoir rempli sa mission plus complètement que d'autres qui apporteraient un contingent plus nombreux.

Le Conseil d'hygiène publique de l'arrondissement du Havre, dans sa séance du 14 février 1866, a demandé que l'autorité supérieure ne confie à l'avenir le droit de vacciner qu'aux membres du corps médical et non à d'autres personnes.

Nous partageons complètement cet avis, et nous pensons qu'il est prudent de ne confier l'opération de vacciner qu'aux personnes qui, par des études spéciales, ont obtenu le diplôme de docteur en médecine, d'officier de santé ou de sage-femme. C'est sous cette inspiration que nous proposons qu'à partir d'aujourd'hui aucun encouragement ne soit accordé à quiconque vaccinera sans avoir un des grades de la profession médicale.

. Pour nous, nous n'établirons pas de statistique générale qui comparerait le chiffre total des vaccinations au nombre des naissances, parce qu'il nous manque la connaissance d'un très grand nombre de vaccinations pratiquées par les médecins autres que les vaccinateurs spéciaux. Notre statistique ne serait pas vraie, il vaut mieux s'abstenir que de fournir des documents erronés.

Après ces remarques générales sur l'ensemble du service vaccinal, entrons dans l'appréciation des travaux que les vaccinateurs ont bien voulu nous adresser.

RENSEIGNEMENTS SUR L'ÉPIDÉMIE DE VARIOLE.

Pendant l'année 1865, la première de la période triennale dont nous ayons à nous occuper, la variole qui avait sévi très violemment en 1864 continuait encore ses ravages. Elle a disparu en 1866; sous quelles influences, nous l'ignorons et aucun vaccinateur ne l'a recherché. Quelques-uns ont voulu savoir pourquoi la variole a paru dans les circonscriptions qu'ils habitent, ils ont signalé, comme cause des atteintes de l'épidémie, la contagion. M. de Nayville entr'autres nous a remis un mémoire manuscrit où il indique avec beaucoup de discernement comment la contagion a transmis la maladie d'un individu à un autre, puis à plusieurs, puis à tout le pays.

.L'étude de M. de Nayville est intéressante, et nous montre combien il est nécessaire de ne pas approcher d'un variolé sans se précautionner par la vaccination et la revaccination contre les atteintes du fléau; elle pourrait servir d'argument aux médecins qui croient que la petite vérole

ne se manifeste jamais dans une contrée que par le seul
effet de la contagion. Cependant, à notre avis, si la contagion est incontestablement un mode puissant de propaga-
tion de la variole, le retour périodique des épidémies, leur
marche progressive et leur décroissance graduelle, entre
lesquelles se place leur summum d'intensité, nous prouvent qu'il y a ce qu'on appelle une constitution épidémique qui agit indépendamment de la contagion et en active
les effets avec une vivacité extraordinaire ; sans cela, comment expliquer que la maladie s'éteint, disparaît au point
que de toutes les parties du département il nous arrive la
nouvelle de la disparition du fléau.

Avant la découverte de la vaccine, comme de notre
temps, la variole paraissait par épidémies périodiques que
déterminent certaines influences inconnues jusqu'à présent.

Cette périodicité était tellement ordinaire, que Lepecq
de la Clôture, dont nous aimons à citer les écrits parce qu'il
a exercé la médecine tout particulièrement en Normandie,
et parce que son œuvre peut être considérée comme le vrai
précurseur des travaux des Conseils d'hygiène, Lepecq de
la Clôture, disons-nous, s'étonne de voir la petite vérole
devenue maladie stationnaire à Caen : « La petite vérole
« elle-même, dit-il, n'est plus marquée à Caen comme
« nous l'avons vue autrefois par constitutions périodiques
« de cinq à six ans. Elle y est devenue maladie station-
« naire, lors même qu'elle n'infecte point la capitale de la
« province, ni les cantons voisins de Caen. En un mot,
« depuis que nous avons quitté cette ville, la petite vérole
« y a fait tous les ans des ravages. Pourrait-on croire que
« l'inoculation qui s'y est introduite avec éclat, avec une
« sorte de succès, contribuerait à multiplier cette conta-

« gion, comme les Anglais eux-mêmes s'en sont enfin
« aperçus? »

Plus loin, il parle du canton du Rivage, contrée de
Bayeux : « La petite vérole régnait épidémiquement dans
« ce canton en 1776, sans être meurtrière ; on ne l'y
« avait pas rencontrée depuis six à sept ans. »

Dans le canton d'Alençon : « on observe tous les cinq
« ou six ans la petite vérole plus ou moins épidémique, et
« la rougeole qui la suit ou la précède. »

Ailleurs : « la petite vérole revient à Coutances à peu
« près tous les sept ans. »

A Cherbourg : « Depuis plus de douze ans que
« M. Delaunay exerce la médecine à Cherbourg, il n'y a vu
« régner la petite vérole qu'à deux époques : la première
« commença vers le mois de novembre en 1767, la der-
« nière vers la fin de l'été en 1774, et il passe pour cons-
« tant dans le pays qu'elle n'y revient que tous les sept
« ans. Mais elle est alors véritablement épidémique, uni-
« versellement répandue sans produire de grands ravages
« dans la ville ni dans les campagnes. Son progrès, son
« état, son déclin durent à peu près une année entière en
« se dissipant peu à peu, après quoi elle disparaît entiè-
« rement. »

Parmi les personnes atteintes de la variole dans tout le
cours de l'épidémie, la proportion des sujets vaccinés est
plus considérable que celle des sujets non vaccinés. Cela
s'explique par la grande différence qui existe aujourd'hui
entre le nombre très grand des personnes qui ont reçu le
vaccin et le nombre restreint de celles qui n'ont pas subi
la vaccination.

Quoiqu'il en soit, le fait pratique c'est que les décès
par la variole ont été moins nombreux parmi les individus

vaccinés que parmi ceux qui n'étaient pas vaccinés. Ce fait important avait été déjà signalé il y a longtemps.

En 1816, à Montpellier, l'épidémie de variole frappait indistinctement les individus qui étaient vaccinés et ceux qui ne l'étaient pas.

En 1818, à Milhau (Aveyron), plus de deux cents vaccinés eurent la variole.

En 1818, à Edimbourg, une épidémie de variole éclata. Thompson observa que sur 836 varioleux, il y en eut 484 qui avaient été vaccinés.

Mais Thompson constate que les varioleux non vaccinés sont décédés dans la proportion de 1 sur 4, tandis que parmi les varioleux vaccinés il n'en est mort qu'un seul.

On lit dans le *Précis des travaux de l'Académie des Sciences, Belles-Lettres et Arts de Rouen*, année 1820 :

« M. Le Prévost, docteur médecin, a rendu verbalement « compte de l'ouvrage adressé par M. René Georges Gas- « telier, docteur médecin à Paris, et qui a pour titre : « *Exposé fidèle de petites véroles survenues après la vacci-* « *nation.*

« Le but de M. Gastelier dans cet ouvrage est de prou- « ver, par des faits qu'il a pris soin de recueillir, que la va- « riole peut survenir après la vaccination dans des sujets « qui ont éprouvé tous les symptômes de la vraie vac- « cine.

« Aux faits rapportés par M. Gastelier, M. Le Prevost « en a ajouté huit autres dont quatre lui ont été fournis « par sa propre pratique et sur lesquels il a donné les dé- « tails les plus circonstanciés appuyés du témoignage de « plusieurs de ses honorables confrères.

« M. Le Prevost n'a pas cru devoir insister autant sur

« les quatre derniers parce qu'il n'a pas été à portée de
« les suivre aussi exactement que les premiers. »

« Loin de moi, a ajouté M. Le Prevost, la pensée de
« vouloir infirmer en rien l'utilité de la pratique de la
« vaccine. En communiquant à l'Académie les faits que
« j'ai eu l'occasion d'observer, j'ai voulu éveiller l'attention
« des médecins sur des anomalies qu'il importe d'étudier
« pour pouvoir les apprécier ensuite à leur juste valeur. »

L'étude que nous proposait le docteur Le Prevost a été
l'objet de l'attention des médecins, et elle se continue.

M. Robert a fait le précis historique de l'épidémie de
petite vérole, qui a exercé de si terribles ravages en 1828,
à Marseille.

5,872 personnes non vaccinées furent prises de la petite vérole, il en mourut 1,443 ; 4,258 vaccinés furent atteints de variole, il en mourut 45. Sur vingt individus qui
avaient eu déjà la variole, la maladie en fit périr quatre.

Mais à côté de ces documents incontestables, il ne faut
pas oublier les expériences aussi incontestables qui ont été
faites dans les premières années qui ont suivi la découverte
de Jenner.

En 1801, Voodwille avait vacciné 8,000 personnes, il
inocula la petite vérole à la moitié, toutes résistèrent.

Paerson répéta la même expérience sur 2,000 vaccinés
sans plus de succès.

En France, au mois de Prairial au VIII, douze médecins
essayèrent le vaccin dans vingt endroits différents, à la
Salpétrière, à la Maternité, aux Orphelins, à la Maison
d'arrêt, etc., et sur plusieurs centaines d'enfants, pas un
ne reçut d'atteinte de l'inoculation de la variole. Cette so-
ciété, transformée en Comité central de vaccine, assembla
102 enfants vaccinés par ses soins et leur inocula publi-

quement la petite vérole. Un seul enfant eut au bras droit des pustules d'apparence varioleuse.

En l'an X, une épidémie de variole respecta les individus vaccinés.

L'épidémie de variole de 1864-1865, a confirmé la vérité des faits, déjà connus depuis longtemps, que nous venons de rapporter.

Le vaccinateur qui nous fournit le document le plus important est M. le docteur Murelle.

Nous ne pouvons pas isoler le tableau qu'il nous a adressé en 1865, de ceux qu'il a fournis en 1862, 1863, 1864.

Dans cette période, M. Murelle a visité 324 variolés :

33 en 1862
21 en 1863
195 en 1864
75 en 1865

Sur ces 324 malades, 146 n'avaient pas été vaccinés, 178 étaient vaccinés.

Sur les 146 non vaccinés, il y a eu 45 décès.

Sur les 178 vaccinés, il y a eu 8 décès.

Pendant les années 1862 et 1863, les 54 malades dont 43 vaccinés et 11 non vaccinés n'ont eu que des varioles extrêmement légères, un seul est décédé, c'était un enfant de 4 mois, atteint d'une varioloïde très discrète qui s'est accompagnée d'un phlegmon diffus de la jambe droite et de la gangrène d'un orteil du pied gauche.

Parmi les 270 malades des années 1864 et 1865, 135 non vaccinés ont donné 45 décès et ont présenté 42 varioles graves, confluentes, intenses, et 48 varioles légères.

Les 135 vaccinés offrent 7 décès, 14 varioles confluentes graves, 114 varioles légères.

Faut-il déduire des observations de M. le docteur Murelle des conclusions définitives sur l'épidémie de variole ? Nous ne le pensons pas. M. le docteur Murelle n'a pas la prétention de donner une solution certaine aux questions qui se rattachent à la variole et à la vaccine.

- Il n'a pas même voulu résumer son travail et en formuler les résultats que nous venons de vous exposer. Il a scrupuleusement inscrit à la suite l'un de l'autre les cas de variole qu'il a observés, avec les renseignements qui s'y rattachent, sans se préocuper des conséquences qu'on pourrait en tirer.

Si nous en avons déduit les considérations et les chiffres que nous venons de vous soumettre, c'est que dans l'impossibilité de reproduire les listes de M. Murelle, nous voulions cependant en montrer la valeur pour que les vaccinateurs veuillent bien à la prochaine épidémie imiter le travail de notre confrère.

Ses tableaux portent inscrits le nom, l'âge, le domicile du variolé, la date du commencement de la maladie, les caractères, les particularités qui la concernent, et sa terminaison.

M. Murelle note plusieurs individus plus ou moins variolés comme ayant été vaccinés sans succès quelques mois auparavant. Cela nous enseigne qu'il ne faut pas, surtout en temps d'épidémie, s'en tenir à une seule tentative de vaccination quand elle n'a pas réussi.

M. Ricœur (de Saint-Laurent) nous cite une dame de 29 ans qui a eu une variole confluente, dont heureusement elle a guéri, trois semaines après la revaccination qui n'avait pas réussi. La première vaccination pratiquée dans

l'enfance présentait les tracés indélébiles d'une bonne vaccination.

M. Murelle cite une observation où la vaccine a été
modifiée par la variole survenant au moment de son évolution. Le 2 décembre 1865, notre confrère vaccine une
petite fille de 7 ans, à chaque bras paraît un bouton d'assez triste aspect ; le 11, l'enfant est prise d'une variole
bien caractérisée, mais discrète. Les deux boutons de vaccine continuent à se développer, et le 13, c'est-à-dire le
onzième jour de la vaccination, ils ont l'apparence de boutons ordinaires au sixième jour. La variole a été discrète,
est-ce parce qu'elle a été modifiée par le vaccin ?

M. Friard fut appelé auprès d'un enfant non vacciné,
atteint d'une variole confluente. La mère qui le soignait
n'était pas vaccinée, elle fut prise d'un malaise général
annonçant l'invasion de la maladie. M. Friard lui proposa
de la vacciner, ce qu'elle accepta ; quatre jours après, la
variole fit éruption, le vaccin ne parut que le septième
jour, les boutons de variole s'affaissèrent alors.

M. Friard vaccina deux enfants avec le vaccin de cette
femme et la vaccination se développa parfaitement bien
chez eux.

M. Delabrosse a traité, en 1864 et 1865, 167 varioles.

123 en 1864, dont 68 ont frappé des individus vaccinés
qui ont présenté six décès, onze varioles confluentes et
51 varioles discrètes, varioloïdes, varicelles.

55 ont atteint des sujets non vaccinés qui comptent
13 décès, 15 varioles confluentes, 27 varioles discrètes,
varioloïdes, varioles volatiles.

Les 44 varioles que notre confrère a traitées en 1865 se
divisent en 35 qui ont atteint des personnes vaccinées, dont
deux ont succombé à la variole confluente, et neuf qui ont

atteint des personnes non vaccinées, dont deux sont décédées.

Sur 24 varioles que M. le docteur J.-A. Dumesnil a traitées, 13 concernant des personnes vaccinées ne présentent pas de décès et comprennent 5 varioles confluentes graves, 8 varioles légères, varicelles, etc., 11 concernant des individus non vaccinés, offrent 3 décès, 3 varioles graves confluentes, 5 varioles légères discrètes.

M. de Nayville, dont nous avons cité le travail, qui montre la filiation de la contagion pour une série de malades, a observé 17 cas de variole. La maladie n'a atteint que des sujets non vaccinés : deux qui, disait-on, avaient été vaccinés ne présentaient pas de traces de vaccination, un seul qui avait été bien vacciné n'a eu que la variole très bénigne.

M. de Nayville cite un cas d'immunité remarquable, c'est celui d'un enfant de 4 à 5 ans qui, sans être vacciné, a vécu en plein foyer épidémique sans en être affecté.

M. Houel fils, après avoir posé cette question : Une jeune femme atteinte de varioloïde peut-elle continuer à allaiter son enfant sans porter préjudice à ce dernier ? raconte qu'une de ses clientes atteinte de varioloïde a continué à donner le sein à son enfant qui, huit jours après la guérison de la mère, est mort affecté de variole confluente, tandis qu'un nourrisson qu'elle élevait également au sein n'a rien éprouvé. Ni l'un ni l'autre de ces enfants n'étaient vaccinés.

Ces faits, qui montrent la nécessité de la prédisposition individuelle pour contracter la maladie épidémique, se produisaient d'une manière très caractéristique dans les siècles où les épidémies de variole n'avaient pas la vaccine pour les atténuer.

Tous les habitants d'une contrée n'étaient pas atteints par la variole à chaque épidémie, un grand nombre voyaient plusieurs épidémies passer avant d'être variolés, ou même arrivaient au terme de leur existence sans l'avoir été.

En 1865, M. Lasnon, des Grandes-Ventes, a observé 38 cas de variole, 13 chez des individus vaccinés dont 7 varioles légères, 6 varioles graves, (une avec perte de l'œil), pas de décès ;

25 chez des individus non vaccinés dont 8 décès, 3 varioles légères, 14 varioles graves.

M. Pasquier, à Guerbaville-la-Mailleraye, donne la liste de 33 cas de variole.

20 chez des sujets vaccinés présentent un décès chez une femme de 30 ans, emceinte de huit mois, dont l'accouchement prématuré s'est fait six heures avant la mort. Outre ce décès, on compte dix varioles confluentes, dix varioles légères. Une femme de 18 ans, vaccinée, a guéri d'une variole confluente, elle était enceinte de six mois, l'enfant est venu à terme, bien portant; une autre, âgée de 25 ans, a eu une variole discrète, elle était enceinte de trois mois, elle a avorté, elle a guéri.

Parmi les 13 sujets variolés qui n'étaient pas vaccinés, M. Pasquier compte 8 décès, 2 varioles confluentes, 3 varioles discrètes.

M. Pasquier ajoute qu'il ne relate pas plusieurs varioloïdes qu'il a observées chez des individus vaccinés. Cela est regrettable, puisque la varioloïde est la variole légère et qu'elle mérite l'attention de l'observateur en tant que manifestation de l'épidémie.

Nous devons aussi mentionner le soin qu'a pris M. Bellevue, au Havre, de relater les cas de varioles et de vario-

loïdes qu'il a observés en 1865. Il nous a présenté la liste
de 82 malades, qui se partagent en 68 vaccinés, qui présentent 1 décès, 7 varioles graves, 60 varioles bénignes ou
varioloïdes, varicelles ; et d'autre part, 14 non vaccinés qui
offrent 3 décès, 9 varioles graves, 2 varioloïdes.

M. Bisson, à Caudebec-lès-Elbeuf, a traité, en 1865,
66 individus variolés, dont 24, non vaccinés, présentent
7 décès ; 41 vaccinés ont présenté 1 décès, 3 varioles
confluentes, 37 varioloïdes.

Un des vaccinés, qui a eu une variole confluente, avait été
revacciné avec succès ; M. Bisson n'indique pas combien il
y avait de temps que la revaccination avait été pratiquée
et ne fournit aucun détail sur le caractère des pustules de
revaccination pour démontrer que la revaccination était
légitime.

M. Gueroult, à Caudebec-en-Caux, raconte que l'épidémie
de variole a duré du 21 février au 28 juin 1865. Sur
180 cas de varioles et varioloïdes observés, il y a eu 20 décès. Parmi les décédés, il y en avait 14 non vaccinés et
6 vaccinés. Il est regrettable que M. Gueroult n'ait pas in-
diqué la proportion des vaccinés sur les 180 cas observés.

M. Levasseur, d'Oissel, a observé en janvier, février et
mars 1865, 34 cas de variole qui ont amené 3 décès.
Nous aurions désiré que notre confrère nous donnât des
détails plus circonstanciés sur ses observations.

Pendant l'année 1866, M. Launay, au Havre, a
soigné 14 varioles qui ont frappé 14 vaccinés dont un
revacciné l'année précédente ; dans tous ces cas, il n'y a
eu qu'une seule variole confluente, il n'y a pas eu de
décès.

M. Houel fils a traité deux individus non vaccinés qui
sont morts l'un et l'autre de variole confluente, et six per-

sonnes vaccinées qui ont toutes guéri ; trois d'entre elles avaient la variole confluente.

M. Cavé nous signale les décès, par la variole, de 2 adultes non vaccinés, à Dampierre ;

M. Dajon, 2 varioles confluentes, chez deux personnes vaccinées venues du dehors de sa circonscription ;

M. Diligence, quelques varioles discrètes très légères, à Londinières ;

M. Trogneux, quelques varioles sans accident, à Fontaine-le-Dun ;

M. Ricœur, 2 varioloïdes chez deux individus non vaccinés, à Saint-Laurent-en-Caux.

M. Lesueur, à Bézancourt, quelques cas de varicelle de nature très bénigne, chez des sujets vaccinés ;

M. de Nayville, à Gournay, quatre cas de varicelle chez des enfants vaccinés, 2 cas de variole très bénigne chez des enfants non vaccinés ;

M Fortin, à Canteleu, 2 varioles très confluentes chez deux vaccinés dont l'un reste très défiguré ;

M. Bisson, à Caudebec-lès-Elbeuf, quelques varioloïdes seulement chez des vaccinés.

A Rouen, M. Delabrosse nous écrit : La variole s'est encore montrée en 1866 çà et là dans Rouen : onze malades atteints de cette affection ont réclamé mes soins depuis le mois de février jusqu'au mois de septembre inclusivement, tous les sujets avaient été vaccinés dans leur enfance. Un individu de 58 ans succomba au commencement de mai, au dixième jour d'une variole confluente, la domestique de la maison qu'il habitait venait d'éprouver une petite vérole volante ; l'un et l'autre avaient été vaccinés dans leur enfance.

M. Friard note 2 varioloïdes légères chez des sujets vaccinés ;

M. Bouteiller, 2 varioles légères chez 2 sujets vaccinés.

M. Murelle n'a observé que 7 varioles, toutes très bénignes, chez des personnes vaccinées.

L'absence complète de la variole en 1866 nous est signalée par M. Lethoré, à Mesnil-Raonlt; par M. Gaudin, à Quincampoix, Isneauville, Saint-Georges, Boisguillaume ; par M. Laurent, à Saint-Victor-l'Abbaye et les environs ; par M. Bayeul, à Ecalles-Alix, Croixmare, depuis février 1865 ; par M. Pasquier, à Guerbaville-la-Mailleraye ; par M. Decorde, à Fréville; par M. Lasnon, aux Grandes-Ventes ; par M. Richard, à Yerville ; M. Desavoye, à Bourg-Dun, à Offranville, n'a observé de varioles ni en 1865 ni en 1866.

L'année 1867 se caractérise par la présence de la coqueluche, de la rougeole qui commence à être épidémique, par l'apparition d'angines qui sont semblables à celles de la scarlatine sans que l'éruption cutanée les accompagne.

L'absence de la variole est constatée à peu près par tout le département. Quelques varicelles, quelques légères varioles se sont montrées çà et là ; Fécamp fait exception dans le dernier trimestre de 1867, on y a vu surgir plusieurs varioles confluentes chez des enfants et chez des adultes, dont quelques-unes ont été mortelles.

DE LA VACCINATION.

La vaccination a été faite régulièrement par le plus grand nombre de vaccinateurs spéciaux. Cependant, nous prions quelques vaccinateurs de compléter leurs fonctions en nous adressant tous les documents qu'ils pourront recueillir sur

la vaccination en elle-même et sur la vaccination dans ses rapports avec la variole.

S'il est possible et quelquefois nécessaire de se servir du vaccin recueilli et conservé dans des tubes, il n'en est pas moins vrai qu'il est de plus en plus indispensable d'assurer le succès de la vaccination pour le présent et pour l'avenir par l'inoculation du vaccin de bras à bras, recueilli le septième ou huitième jour au plus tard.

DU DÉFAUT DE SATURATION VACCINALE.

Bien plus, il paraît démontré qu'il ne faut pas s'en tenir à la première vaccination, si bien réussie qu'elle paraisse.

Nous ne parlons pas de la démonstration que nous donne la variole en frappant des individus vaccinés, concernant les cicatrices, traces indélébiles d'une bonne vaccination.

Nous continuons à recevoir des documents qui démontrent que non-seulement l'effet d'une bonne vaccination peut s'épuiser à la longue, mais qu'il existe un assez grand nombre d'individus vaccinés, en apparence convenablement, chez lesquels la saturation vaccinale n'est pas complète, puisqu'on peut les revacciner avec succès huit jours ou quelques mois seulement après la première revaccination, par conséquent au bout d'un laps de temps qui ne permet pas de supposer que l'effet de la première revaccination se soit dissipé. Il faut donc conclure que l'action de la première vaccination était insuffisante.

M. Hurpin, à Caule-Saint-Beuve, dit : « Je crois pou-
« voir affirmer que le vaccin recueilli le huitième jour sur
« un sujet et inoculé immédiatement à ce même individu
« produit presque toujours de nouvelles pustules qui se

« développent beaucoup plus rapidement que les pre-
« mières et dont le virus est beaucoup plus actif. »

Nous livrons aux vaccinateurs la vérification de ce fait,
qui mérite toute leur attention.

M. Gueroult, à Caudebec-en-Caux, a pratiqué six piqûres,
avec la lancette chargée de vaccin, sur le bras d'un enfant.
Une seule a donné une pustule d'aspect convenable au
neuvième jour. Notre confrère pratiqua au bras de cet
enfant quatre nouvelles piqûres avec le virus de l'unique
pustule ; huit jours après, on pouvait constater quatre pustules de bonne vaccination. Uu autre enfant de huit mois
a pu être vacciné avec succès quinze jours après une première vaccination qui n'avait donné qu'un seul bouton. Un
enfant chétif a été vacciné avec succès un mois après une
vaccination normale, mais peu accusée. Même résultat a été
observé sur un enfant de six ans.

Mᶦˡᵉ Lesueur, sage-femme à Crosville-sur-Scie, s'exprime
ainsi : « Quelques enfants auxquels j'avais fait plusieurs
« piqûres n'ont produit qu'un seul bouton de vaccin ; mais
« avec la lancette chargée du virus de ce bouton, j'ai fait de
« nouvelles piqûres, il s'est développé d'autres beaux bou-
« tons qui ont suivi la marche régulière de la vaccination. »

M. Ch. Hélot, à Bolbec, a revacciné avec succès nn enfant d'un an, quinze jours après une première vaccination ;
M. Ch. Hélot a revacciné, aussi avec succès, dix enfants
âgés de moins d'un an, six enfants âgés d'un à deux ans,
quatre enfants de deux à trois ans, deux de quatre à cinq
ans, un de cinq à six ans.

Faut-il admettre que chez ces enfants la vaccination
avait déjà perdu son effet, ou bien n'est-il pas plus juste
de croire que la vaccination n'avait pas été complète, que
la saturation vaccinale n'existait pas encore ?

De là, faudrait-il conclure, que pour être sûr d'une bonne vaccination, on ne doit pas se fier aux apparences et qu'on devrait toujours revacciner l'enfant au huitième jour avec son propre vaccin ?

L'expérience nous l'apprendra.

DE LA DÉGÉNÉRESCENCE DU VACCIN.

Les atteintes de la variole sur des individus antérieurement vaccinés, la possibilité de pratiquer des revaccinations avec succès ont fait supposer que le vaccin avait dégénéré.

Mais pour que cette théorie de la dégénérescence du vaccin fût vraie, il faudrait que les atteintes de la variole sur les sujets vaccinés n'eussent eu lieu qu'au bout de nombreuses années. Ou bien est-ce qu'il faut admettre que le vaccin dégénère si rapidement que déjà il n'ait pu préserver les vaccinés pendant les épidémies de 1816, 1817, etc., quelques années seulement après la découverte de Jenner ?

Nous déclarons notre préférence pour la théorie qui croit que chez certains organismes le vaccin perd son effet rapidement, en même temps que chez d'autres la satura-tion vaccinale ne s'opère pas en une seule fois

Quoiqu'il en soit, il y a peut-être quelque chose de vrai dans la théorie de la dégénérescence du vaccin ; c'est la crainte de la dégénérescence du vaccin qui a poussé tous les comités de vaccine, tous les médecins, à rechercher avec activité le cowpox naturel. C'est une étude à suivre, et à ce point de vue nous ne pouvons qu'encourager les expériences qui tendent, sinon à régénérer le vaccin, au moins à communiquer à la vaccination une vivacité plus grande. Tel est le but que se propose la méthode de la vaccination animale, dont nous n'expliquerons pas les deux procédés suffisamment connus.

DE LA VACCINATION ANIMALE.

M. le docteur Alfred Vy, à Elbeuf, continue avec succès le procédé dont il use depuis vingt ans, qui consiste à vacciner une génisse avec le vaccin d'un enfant pour vacciner ensuite d'autres personnes avec le virus recueilli sur l'animal. M. Alfred Vy, après avoir vacciné une génisse avec le vaccin d'un enfant, inocule de sept jours en sept jours une série de cinq génisses, dans la pensée que le vaccin se régénère d'autant mieux qu'il a passé plusieurs fois par l'organisme de la vache.

M. Verrier aîné, à Rouen, a inoculé successivement plusieurs génisses dont la première avait été inoculée par le vaccin recueilli sur une génisse qu'il avait reçue de M. le docteur Lannoix. M. Lannoix conserve le procédé napolitain, qui consiste à transmettre le cowpox naturel à une génisse, puis le vaccin de celle-ci à une autre, et ainsi de suite, à une série de génisses, sans que jamais il n'y ait interruption.

Des tentatives dont l'issue a été variable ont été faites par plusieurs des vaccinateurs spéciaux, nous nous contenterons de les énoncer telles qu'elles nous ont été racontées par les expérimentateurs eux-mêmes.

M. Meule, à Saint-Saëns, en décembre 1865, a inoculé à la vulve d'une vache le vaccin recueilli au bras d'un enfant ; il a vacciné une douzaine de sujets avec le virus recueilli dans les pustules de l'animal, il n'a obtenu aucun succès.

Le même virus inséré sur vingt-cinq sujets de la commune de Bradiancourt n'a déterminé aucune pustule.

En 1865, M. Hurpin, à Caule-Sainte-Beuve, a tenté, à trois époques différentes, d'inoculer le vaccin à de jeunes génisses, il n'a pu réussir jusqu'à présent.

La même année, M. Ricœur, à Saint-Laurent-en-Caux, a recueilli le vaccin sur une vache vaccinée pour l'inoculer à un enfant qui n'a donné que deux boutons sur six piqûres. Ces deux boutons ont fourni du vaccin pour vacciner avec succès une centaine d'enfants.

En 1865, M. Gaudin a reçu de M. Verrier une pustule extirpée sur une génisse vaccinée par le procédé napolitain, il a vacciné avec cette pustule un enfant, il a obtenu le succès ainsi que pour la revaccination d'un autre enfant. En même temps, le virus de cette pustule lui a servi à inoculer une génisse de M. E. Nouvelle, cultivateur à Isneauville. Cette inoculation a parfaitement réussi, mais les vaccinations et revaccinations faites avec le vaccin de cette même génisse ont toutes échoué.

M. Gaudin a, d'autre part, inoculé une génisse de dix mois, appartenant à M. Duval, avec l'ancien vaccin; il a parfaitement réussi et le vaccin recueilli sur l'animal lui a servi à vacciner avec succès 27 sujets.

Le 16 septembre 1865, M. Gaudin a inoculé, cette fois sans succès, une génisse de M. Guignan, cultivateur à Isneauville. M. Gaudin, découragé par cette différence d'effets obtenus, déclare qu'il s'en tient à la méthode ordinaire de vaccination, qui lui donne des résultats plus constants.

Nous dirons que la diversité des résultats dans la vaccination animale doit dépendre de la manière de procéder et surtout du choix du jour où l'on recueille le vaccin de la génisse.

Nous ne pouvons parler des vaccinations animales sans citer les documents fournis par M. le docteur Marquezy, à Neufchâtel. Voici ce qu'il nous écrivait à la date du 12 juillet 1865 :

« Avec un tube de vaccin conservé depuis quelques mois, j'ai inoculé, vers le 15 décembre 1864, une jeune fille de 18 ans, une vache et une génisse. Chez la jeune fille, trois boutons de vaccin se développèrent pour six piqûres ; chez les deux animaux, l'inoculation échoua.

« Au huitième jour de l'éruption, le vaccin de la jeune fille fut inoculé aux animaux immédiatement, et, pour ainsi dire, encore chaud ; je fis sur les trayons six scarifications peu profondes, sur lesquelles je frottai le plat de la lancette chargée de vaccin recueilli en raclant les boutons du bras. Au sixième jour, les deux animaux présentaient aux trayons des boutons nacrés avec un ombilic allongé formé par la cicatrice de la scarification et entouré d'une aréole rouge, vrais boutons de vaccin qui servirent à vacciner d'autres vaches et d'autres enfants chez lesquels l'éruption vaccinale suivit son cours normal et régulier.

« Depuis, j'ai pratiqué encore 56 vaccinations animales, qui peuvent se diviser en deux catégories ; celles faites avec du vaccin en tube, et celles pratiquées de vache à vache.

1° *Vaccinations faites avec du vaccin en tube.*

« 28 vaches ou génisses, y compris les 2 premières, ont été vaccinées avec du vaccin en tube provenant de différentes sources, envoyé de Rouen, ou recueilli par moi, soit sur des enfants, soit sur des vaches et conservé depuis un temps plus ou moins long, quelques mois ou quelques jours...

« Sur les 23 vaches ainsi inoculées, 10 l'ont été avec un succès certain et d'autant plus incontestable qu'elles ont toutes servi à vacciner des enfants non encore vaccinés et chez lesquels s'est développée une très belle éruption de vaccine. Plusieurs d'entre elles ont servi à donner à d'autres vaches du vaccin qui s'est presque toujours développé.

« Sur 13 vaches, la vaccination n'a pas réussi ; plusieurs causes peuvent avoir contribué à cette grande proportion d'insuccès.

« D'abord l'inexpérience au début des vaccinations, puis la qualité du vaccin employé qui n'est pas toujours connue. Enfin dans les vaccinations humaines faites avec du vaccin conservé, la proportion des insuccès est peut-être aussi considérable. Chaque jour les plaintes des vaccinateurs prouvent ce que j'avance.

« Le vaccin, par le fait seul de sa conservation, subit très souvent une modification quelquefois inappréciable, qui lui fait perdre à un moment donné la faculté de se reproduire.

« Ainsi, inoculez, dans les mêmes conditions de température, de temps, de lieu, etc., le vaccin de deux tubes tout à fait semblables, quant à l'apparence. L'un produira une très bonne vaccination, l'autre restera sans résultat.

« Il y a donc un véritable avantage à employer le vaccin frais et pour ainsi dire chaud, soit de bras à bras, soit de vache à bras.

« Ainsi, dans trois maisons d'éducation de jeunes filles, j'ai pratiqué le même jour ensemble 75 revaccinations avec du vaccin en tube, que j'avais recueilli moi-même.

« Deux éruptions de vrai vaccin seulement se sont produites, 3 ou 4 jeunes filles ont eu une éruption sans caractère.

« Le vaccin employé était-il bon ? Oui assurément, puisque ce vaccin avait été recueilli dans les tubes, en même temps qu'il avait servi à vacciner de bras à bras des enfants et des adultes qui n'avaient jamais été vaccinés, et chez lesquels s'est développée une très belle éruption qui a servi à d'autres vaccinations qui ont également réussi.

« 70 de ces revaccinations ont été, quinze jours après, recommencées avec du vaccin animal transmis immédiatement, et, pour ainsi dire, chaud, de la vache au bras. 29 sujets ont eu cette fois une éruption de boutons de vrai vaccin, 18 ont eu une éruption de grosses papules qu'on peut considérer comme du faux vaccin, quelques-unes avec engorgement des glandes sous-axillaires ; 23 seulement sur 70 personnes n'ont absolument rien éprouvé.

2° Vaccinations de vache à vache.

« Sur 32 vaches ainsi inoculées, 27 l'ont été avec un plein succès. Chez les 5 autres, il ne m'a pas été possible de trouver la cause de l'insuccès.

« Du 4 février au 15 mai, pendant quinze samedis consécutifs, une vache vaccinée a été amenée chez moi et a fourni le vaccin nécessaire aux vaccinations et revaccinations aussi pratiquées de semaine en semaine.

« L'éruption vaccinale acquérait par ses transmissions successives à la vache une intensité et une facilité de développement remarquables.

« Aussi, avec le vaccin en tube, il fallait des précautions pour bien inoculer, il fallait souvent une plus grande quantité de virus, soigneusement maintenu sous l'épiderme avec la pointe de la lancette qu'on y maintenait pendant quelques instants.

« Avec le vaccin chaud, au contraire, surtout à la

deuxième ou troisième génération, sur les vaches, une simple et légère scarification au trayon ou à la vulve, faite avec une lancette chargée de virus, produisait un bouton superbe. De même ce vaccin, transmis ainsi immédiatement de son lieu d'origine sur le bras d'un enfant, y développait toujours une très belle éruption et donnait souvent lieu à un mouvement fébrile prononcé.

« Il me semble que nous pouvons conclure de cela que :

« 1° Le vaccin, par son retour à son lieu d'origine, la vache, surtout quand il y est maintenu un certain temps, gagne en force et se reproduit au moins aussi sûrement de vache à bras que de bras à bras.

« 2° Contrairement à ce que j'ai lu, le vaccin que j'ai recueilli sur les vaches au trayon a presque toujours été abondant et j'ai pu avec la même vache, présentant dix ou douze pustules, vacciner plus de 100 personnes dans une même séance, sans que les dernières inoculations aient donné un résultat moins satisfaisant que les premières.

« 3° Le vaccin animal met à l'abri de toute crainte, sinon de tout danger, de transmettre une maladie quelconque à celui qui le reçoit. Il est donc très utile d'en développer l'emploi partout où il peut être facilement produit. »

Telles sont les conclusions de M. le docteur Marquezy; l'expérience jugera si elles sont justes. Le fait certain c'est que les vaccinations animales réussissent au moins aussi bien que les vaccinations suivant le procédé ordinaire.

Ce fait a été mis hors de doute depuis longtemps par M. Alfred Vy, et dans ces derniers années par MM. Chilhaud, Verrier aîné, Hélot et Vingtrinier.

Du reste, ce que nous pouvons faire de mieux, c'est de

transcrire ici les conclusions de M. le docteur Depaul, dans son rapport à l'Académie de médecine, qui forment loi actuellement en fait de vaccination animale. Les conclusions du savant académicien ont été adoptées par l'Académie.

1° La transmission de cowpox par inoculation de génisse à génisse s'obtient sans difficulté.

2° Les génisses ont toutes été successivement inoculées par nous et toujours avec succès.

3° La méthode par incision, primitivement employée, n'a aucun avantage sur celle par piqûre.

4° Aucune des bêtes qui ont servi à nos expériences n'a présenté d'accidents par le fait de l'inoculation.

5° Quelques-unes seulement ont été prises de diarrhée sous l'influence probable du changement d'habitation et de nourriture.

6° C'est le cowpox de Naples, qui a servi aux trois premières, et celui de Beaugency qui a servi aux quatres dernières génisses.

7° Ces deux cowpox ont donné des résultats identiques.

8° Les transmissions successives du même cowpox ne lui ont rien fait perdre de ses propriétés.

9° La marche de l'éruption a été plus rapide chez les génisses que dans l'espèce humaine.

10° Le bouton paraissait le troisième jour et suppurait dans le courant du septième au huitième.

1° Les génisses malades ont offert des pustules moins développées que les génisses saines.

12° L'éruption s'est exclusivement montrée aux points inoculés.

13° La réaction générale a paru nulle ou presque nulle. Sur quelques génisses seulement nous avons eu à constater un peu d'abattement et de chaleur à la peau.

14° Il résulte de nos expériences qu'il serait facile, dans les grands centres surtout, d'organiser un service de vaccination animale.

15° Le cowpox spontané n'est pas aussi difficile à rencontrer qu'on le croit généralement. Deux occasions se sont présentées pendant le cours de nos expériences.

16° Le cowpox dont nous nous sommes servi a une origine dont l'authenticité n'est pas contestable.

17° La quantité de cowpox que peut fournir chaque génisse peut suffire aux exigences du service le plus étendu.

18° D'après nos expériences, la syphilis n'est pas inoculable à l'espèce bovine.

19° Pris dans de bonnes conditions, le cowpox réussit aussi souvent que le vaccin d'enfant.

20° Pris après le septième jour, il produit des résultats moins satisfaisants.

21° Le cowpox de Naples a réussi aussi souvent que celui de Beaugency.

22° Il n'est pas rare, à la suite de l'inoculation du cowpox aux enfants, de voir la période d'incubation se prolonlonger et l'éruption ne se manifester qu'entre le neuvième et le dixième jour.

23° Parfois sur le même individu, les pustules ont une marche irrégulière.

24° Les pustules obtenues par le cowpox l'emportent en volume sur celles obtenues par le vaccin humain.

25° L'inoculation du cowpox produit dans toute l'économie une réaction générale plus sensible, surtout à la période de suppuration.

26° Toutefois, cette réaction n'a produit aucun accident sérieux sur aucun des enfants inoculés par nous.

27° Au point de vue du nombre des pustules, les résultats ont été les mêmes avec le cowpox qu'avec le vaccin humain.

28° A la suite de l'inoculation du cowpox, une seule piqûre a quelquefois donné lieu à deux, trois et même quatre pustules.

29° Ce phénomène est beaucoup plus rare à la suite de l'inoculation du vaccin humain.

30° Tous les modes d'inoculation réussissent quand le cowpox est pris au moment opportun.

31° Le cowpox conservé échoue souvent comme le vaccin d'enfant.

32° Sous ce rapport, le vaccin humain nous semblerait avoir quelques avantages sur le cowpox.

33° Toutefois, nous avons inoculé avec succès du cowpox conservé depuis un mois dans des tubes.

34° Nous en avons même envoyé en province et à l'étranger, qui a donné des résultats satisfaisants.

35° On ne peut savoir encore si l'action du cowpox sera plus durable et plus complète que celle du vaccin d'enfant.

36° Nous avons fait trop peu de revaccinations pour en pouvoir rien conclure.

37° On pourrait en temps d'épidémie envoyer dans les pays infestés une ou plusieurs génisses inoculées qui fourniraient tout le cowpox nécessaire pour les vaccinations et revaccinations.

DES REVACCINATIONS.

Quel qu'ait été le mode de vaccination, il est possible que la saturation vaccinale de l'individu n'ait pas été suffisante par une première vaccination, ou peut-être, en admettant que cette saturation ait été complète, l'effet de la première vaccination ou des vaccinations antérieures est-il épuisé?

De là l'absolue nécessité des revaccinations. Les vaccinateurs de notre département l'ont comprise, et pendant la dernière épidémie, de nombreuses revaccinations ont été pratiquées.

Malheureusement, elles n'ont pas été encore assez nombreuses, puisque nous avons vu un grand nombre d'individus vaccinés, mais non revaccinés, être atteints par la variole; on aurait pu les préserver, puisque d'autre part il a été très généralement reconnu que la variole n'a pas frappé les sujets récemment bien revaccinés.

M. Gaudin, de Quincampoix, nous dit qu'aucun des individus qu'il a vaccinés ou revaccinés pendant l'épidémie n'en a subi les atteintes.

M. Pasquier, de Guerbaville-la-Mailleraye, déclare que toutes les personnes qu'il a revaccinées ont été préservées. M. Pasquier a revacciné avec succès 102 personnes. Il est regrettable qu'il ne nous dise pas le chiffre total de ses revaccinations, succès et insuccès.

En 1865, M. Leroy, à Pavilly, a pratiqué 45 revaccinations sur lesquelles il a compté 21 succès :

Âge	Nombre	Résultats
De 10 à 20 ans.	7	2 succès. 5 insuccès.
De 20 à 30 ans.	14	4 succès. 10 insuccès.
De 30 à 40 ans.	15	8 succès. 7 insuccès.
De 40 à 50 ans.	4	3 succès. 1 insuccès.
De 50 à 60 ans.	4	3 succès. 1 insuccès.
De 60 à 70 ans.	1 —	1 succès.

En 1865, M. Marois, à Doudeville, nous présente 78 revaccinations, 38 succès :

De 10 à 20 ans. 21	{	8 succès.
		13 insuccès.
De 20 à 30 ans. 32	{	20 succès.
		12 insuccès.
De 30 à 40 ans. 18	{	9 succès.
		9 insuccès.
De 40 à 50 ans 7	{	1 succès.
		6 insuccès.

Un individu a été revacciné pour la troisième fois.

L'opération de la revaccination mérite, de la part du médecin, beaucoup plus d'attention que la vaccination elle-même. Il faut, pour la revaccination, se servir toujours de vaccin recueilli directement à la pustule vaccinale, éviter le vaccin conservé, car l'insuccès de la revaccination peut tenir au procédé qu'on aura employé, et dans ce cas, on se confierait à tort à la première vaccination dont on aurait vu que l'effet préservatif était épuisé, si l'on avait pratiqué la revaccination avec tout le soin désirable.

M. Murelle cite à ce sujet trois cas très intéressants qui peuvent se représenter :

Il revaccine une jeune fille de 19 ans, qui a été vaccinée dans son enfance et qui n'a pas de cicatrices apparentes d'une première vaccination; il se sert de vaccin conservé en tubes ; au bout de huit jours, il constate un insuccès ; il la revaccine de bras à bras, toutes les piqûres donnent des boutons de bonne vaccination.

Une personne de 39 ans, vaccinée avec succès dans son enfance, présente des cicatrices de vaccination des plus apparentes, larges comme une pièce de 50 centimes. M. Murelle la revaccine avec du vaccin conservé dans un tube, un seul bouton se développe, mais magnifique. Notre confrère pratique sur le même bras trois nouvelles piqûres avec le virus de ce bouton, mais cette fois sans résultat.

Enfin une personne de 38 ans, vaccinée dans son enfance, n'offre pas de traces visibles de vaccination, M. Murelle la vaccine avec du vaccin conservé en tubes, rien ne se manifeste ; il la revaccine de bras à bras, aucun résultat n'est produit.

M. Dumesnil, directeur-médecin de l'Asile de Quatre-Mares, donne plusieurs exemples d'individus vaccinés qu'il a d'abord revaccinés sans succès, et qui ont offert, à une deuxième tentative, la revaccination la plus légitime.

En 1865, M. le docteur Murelle nous a remis une liste de 11 revaccinations qui ont présenté six succès :

De 10 à 20 ans.	3	{	2 succès.
			1 insuccès.
De 20 à 30 ans	1	—	1 insuccès.
De 30 à 40 ans.	3	{	1 succès.
			2 insuccès.
De 40 à 50 ans.	2	—	2 succès.
De 50 à 60 ans.	2	{	1 succès.
			1 insuccès.

En 1865, M. Legris, à Clères, 6 revaccinations, 3 succès.

De 10 à 20 ans.	1	—	1 insuccès.
De 20 à 30 ans.	2	{	1 succès.
			1 insuccès.
De 30 à 40 ans.	3	{	2 succès.
			1 insuccès.

En 1866, M. le docteur Delabrosse. à Rouen, a obtenu 13 succès sur 28 revaccinations.

En 1866, M. Launay, au Havre, a obtenu 5 succès sur 19 revaccinations.

M. Ternisien, à Foucarmont, a constaté, sur 38 revaccinations :

8 fois de belles pustules de vaccin,

5 fois des boutons douteux,

25 résultats négatifs.

Mais le travail le plus important que nous ayons reçu sur les revaccinations est celui de M. le Dr Dumesnil, médecin directeur de l'Asile de Quatre-Mares.

Après avoir donné la liste de 620 revaccinations, avec le nom, l'âge des revaccinés et les particularités relatives à chacune des revaccinations,

M. Dumesnil s'exprime ainsi :

« Nous avons eu les résultats généraux suivants :

« Éruptions vaccinales vraies, 259 ; fausses vaccines ou « résultats nuls, 361.

« 41, 7 0/0 d'éruptions vaccinales vraies.

« Ne pouvant indiquer d'une manière certaine le chiffre « des vaccinations premières, parce qu'il m'avait fallu des « renseignements qu'une partie de notre population est in- « capable de donner, j'ai dû diviser en quatre catégories, « les 620 personnes précédentes :

« 1° Les individus vaccinés pour la première fois,

7 succès ;

« 2° Ceux dont la vaccination antérieure était douteuse :

210 { 91 revaccinés avec succès, 43 0/0.
{ 119 fausses vaccines ou résultats nuls ;

« 3° Ceux dont les traces de la première revaccination étaient certaines :

317 { 117 revaccinés avec succès, 36 0/0.
190 fausses vaccines ou résultats nuls;

4° Ceux qui avaient été variolés :

86 { 44 revaccinations avec succès, 51 0/0.
42 fausse vaccine ou résultat nul.

« On s'est demandé souvent comment reconnaître *à
« priori* que les organismes sont réfractaires à la revacci-
« nation. Quelques-uns de mes honorables confrères ont
« prétendu que lorsque la vaccination première avait laissé
« de belles cicatrices, la revaccination ne réussissait que
« rarement. J'ai examiné 68 de nos travailleurs vaccinés
« antérieurement, je les ai revaccinés le même jour avec
« le même vaccin. Voici ce qui est arrivé :

Ayant des traces faibles ou nulles :

38 { 25 succès.
13 fausses vaccines ou résultats nuls.

Ayant de belles traces de la vaccination :

30 { 16 succès.
14 fausses vaccines ou résultats nuls.

« Le vaccin que nous avons employé pour les revacci-
« nations a été puisé à plusieurs sources.

« Le premier dont nous nous sommes servi, le 14 et le
« 15 décembre 1864, était du vaccin qui, pris sur de jeunes
« enfants et renfermé dans des tubes, nous avait été en-
« voyé d'Oissel et d'Elbeuf, par MM. Vautier et Alfred Vy,
« au moment où le froid sévissait vivement. Ce vaccin de
« première génération a été inoculé à 16 personnes : huit
« jours après, nous constations 16 résultats nuls.

« Presque en même temps, le 16 décembre, j'utilisais le
« contenu d'autres tubes que je devais à la complaisance
« de MM. les Drs Grout, Lemarchand, P. Levasseur;

« et je vaccinais 15 personnes ; sur 2 d'entre elles
« seulement, nous avons obtenu des boutons vaccinaux ;
« ce qui donne 13, 33 vaccines vraies 0/0, proportion bien
« au-dessous de celle que nous a donnée l'ensemble de
« nos opérations.

« Le 22 décembre, je pouvais vacciner 6 personnes en
« me servant du vaccin d'un enfant et en vaccinant de bras
« à bras. Cela me donna chez 2 d'entre elles une belle
« éruption vaccinale ; proportion 33 0/0.

« Nous pouvons, à la même date, employer le cowpox
« artificiel résultant chez nos vaches de l'inoculation vac-
« cinale qui avait été pratiquée sur elles par M. Verrier
« aîné, le 14 décembre 1864.

« Nous avons essayé ce vaccin animal sur une première
« série composée de 12 idiots ou imbéciles, de l'âge de 10 à
« 28 ans. Sur ces 12 opérés, nous n'avons eu qu'un vac-
« ciné ou 8, 3 0/0 de vaccine vraie, et encore cet unique
« résultat ne consiste-t-il qu'en une seule pustule ombi-
« liquée, petite, entourée d'une aréole inflammatoire peu
« étendue, dont l'évolution s'est accompagnée d'un mou-
« vement fébrile peu appréciable. J'avais cependant, sui-
« vant le procédé napolitain, extirpé par l'instrument
« tranchant la pustule de l'animal.

« Je fis un second essai. D'autres vaches vaccinées le
« 20 présentaient le 27 de beaux boutons. Nous revacci-
« nions alors, dans l'étable même, 29 malades adultes.
« Nous n'avons eu que deux résultats, 6, 8 0/0.

« Nous avons vacciné, le 27 et le 29 décembre, 13 alié-
« nés avec du horse pox artificiel et du vaccin d'enfant
« venant primitivement de ce horse pox ; l'un et l'autre
« nous avaient été donnés par M. Alfred Vy ; cinq éruptions
« vaccinales se montrèrent, 38, 4 0/0. Je dois faire remar-

« quer que sur ces 13 malades, 9 font partie de nos
« vieillards, et que chez ces derniers, la vaccine a pris
« généralement bien. Sur les cinq éruptions dont il s'agit,
« quatre ont eu lieu chez ces vieillards.

» Ce n'est que le 2 janvier 1865 que nous avons com-
« mencé de vacciner *de bras à bras* en nous servant de
« revaccin, ou vaccin de seconde génération. Dès lors la
« proportion des éruptions vaccinales s'éleva à 40 0/0, et
« souvent au-dessus, ce qui nous a engagé à préférer la
« revaccination de bras à bras, même avec du revaccin, à la
« même opération pratiquée avec du vaccin conservé dans
« des tubes, ou avec du vaccin dit régénéré par la vache.

« Je ne veux pas nommer celui-ci du vaccin dégénéré,
« mais ce que j'ai vu de ses effets m'engage à lui préférer
« le vaccin ordinaire. De plus, la récolte du vaccin sur la
« vache n'est ni si abondante, ni si facile qu'on a bien
« voulu le dire. Je ne crois pas me tromper en disant qu'à
« une vache à laquelle on a inoculé le vaccin par six
« piqûres, on ne prend pas plus de vaccin qu'à un enfant
« qui présente six boutons et qu'on le prend moins rapi-
« dement.

« Le revaccin n'a pas été, comme effet local et comme
« effet général, inférieur au vaccin de première génération.
« Il est vrai que nous avons pris pour vaccinifères, ceux
« de nos malades revaccinés qui étaient porteurs des plus
« belles pustules. Un des malades qui nous ont donné du
« revaccin avait des pustules très petites, il a fourni du
« virus pour 31 individus. Ceux-ci n'ont présenté que
« 10 cas de vaccine vraie, 32 0/0, ce qui est inférieur à
« la moyenne générale, le vaccin venant de beaux bou-
« tons donnerait-il, toutes choses égales d'ailleurs, les
« plus beaux résultats.

« Je n'ose sur cette seule remarque affirmer ce que je
« suppose, mais si, suivant l'observation d'un de nos con-
« frères, le terrain qui reçoit une graine influe beaucoup
« sur le fruit obtenu, il me semble que la qualité de la
« graine est bien aussi pour quelque chose dans la beauté
« du produit.

« Je faisais plus haut la remarque que la revaccination
« a fort bien pris sur les vieillards. J'ajouterai qu'elle
« a encore réussi très souvent chez les adultes, mais
« elle n'a été possible qu'exceptionnellement chez les
« enfants.

« Dans les tableaux précédents, nous remarquons que
« six individus ont été variolés, après avoir été revaccinés
« sans succès. Il est impossible de conclure de ces faits
« contre l'utilité de la revaccination, car il faudrait savoir
« d'abord pourquoi celle-ci n'a pas réussi, question qui
« me paraît insoluble.

« Deux individus, après avoir été vaccinés avec succès,
« ont eu la variole ; l'apparition de l'éruption variolique
« s'est faite dans les dix jours qui ont suivi la revaccina-
« tion. La période d'incubation de la variole étant de huit
« à onze jours, il est probable que ces individus étaient
« déjà, au moment de la revaccination, sous l'influence
« du principe variolique. »

Nous livrons le travail de M. le Dr Dumesnil aux ré-
flexions des vaccinateurs. Nous ne ferons qu'une seule
remarque : nous attribuons les insuccès que notre confrère a rencontrés avec les pustules des vaches à ce qu'il
recueillait le vaccin deux jours trop tard. M. le Dr Dumesnil a le mérite d'avoir, un des premiers, suivi l'exemple
donné par l'ancien Comité central de vaccine dans les
expériences de vaccination animale ; mais, à cause de

cela, la pratique de la vaccination animale n'avait pas encore de règles bien arrêtées.

Nous avons complété le travail intéressant de M. Dumesnil en partageant, d'après leur âge, les individus qu'il a revaccinés.

REVACCINATIONS SUR LES INDIVIDUS DÉJA VACCINÉS.

De 10 à 20 ans. .	28	Insuccès. 20. Succès.. 8.
De 20 à 30 ans. .	82	Insuccès. 60., Succès.. 22.
De 30 à 40 ans. .	118	Insuccès. 87. Succès.. 31.
De 40 à 50 ans. .	155	Insuccès. 85. Succès.. 70.
De 50 à 60 ans. .	77	Insuccès. 36. Succès.. 41.
De 60 à 70 ans. .	54	Insuccès. 24. Succès.. 30.
De 70 à 80 ans. .	12	Insuccès. 7. Succès.. 5.
De 80 à 90 ans. .	1	Succès.. 1.

REVACCINATIONS SUR INDIVIDUS ANTÉRIEUREMENT VARIOLÉS.

De 20 à 30 ans. .	7	Insuccès. 5. Succès . 2.
De 30 à 40 ans. .	10	Insuccès. 7. Succès.. 3.
De 40 à 50 ans. .	19	Insuccès. 10. Succès.. 9.

De·50 à 60 ans. . · 31	{ Insuccès. 14.
	Succès.. 17.
De 60 à 70 ans. .. 18	{ Insuccès. 6.
	Succès.. 12.
De 70 à 80 ans. . 1	| Insuccès. 1.

VACCINATIONS D'INDIVIDUS NON VACCINÉS.

De 10 à 20 ans. 2	
De 20 à 30 ans. . 2	} Succès.
De 50 à 60 ans. . 2	
De 70 à 80 ans. . 1	

DE LA CONSERVATION DU VACCIN EN TUBES.

Il est généralement reconnu que la vaccination doit être faite de bras à bras, le vaccin étant parvenu au septième ou huitième jour. Il arrive toutefois que, par des circonstances imprévues, le vaccin de bras à bras vient à manquer. On est très heureux alors de pouvoir recourir au vaccin conservé en tubes.

Nous devons donc notre reconnaissance aux vaccinateurs qui s'occupent de trouver un moyen facile et économique de conserver le vaccin. Le mode de conservation dans des tubes capillaires, lutés avec de la cire à cacheter à chaque extrémité, est le plus usité dans notre département ; mais le vaccin se dessèche facilement ou s'altère en subissant les influences atmosphériques.

M. Vautier, à Oissel, conserve dans l'huile ses tubes capillaires bouchés au feu. M. Vautier a vacciné au bout d'un an avec ce vaccin, qui a ainsi échappé en grande partie aux influences atmosphériques, cinq enfants, sur le bras desquels il a obtenu de belles pustules. Un, entre autres, a offert huit belles pustules sur neuf piqûres qu'il avait reçues. M. Vautier a le soin de recueillir le vaccin avant le développement complet du bouton.

Nous nous garderons bien de tirer prématurément des conclusions absolues de toutes les remarques et observations qui sont consignées dans ce rapport.

Si les vaccinateurs, au commencement de notre siècle, se sont trompés, c'est pour avoir apporté trop de précipitation dans leurs jugements que l'enthousiasme obscurcissait. Soyons prudents, et observons.

L'attention de tous les vaccinateurs nous est plus que jamais indispensable, en présence de la question des revaccinations et en présence des atteintes de la variole qui persistent à s'exercer sur des sujets vaccinés. Tous doivent, sans parti pris, inscrire les observations que leur offre leur pratique ; et l'ensemble des travaux de nombreux praticiens consciencieux et savants pourra servir à éclairer la route des médecins qui nous succèderont.

Toutefois, dans l'état actuel des choses, nous pouvons nous résumer en disant :

1° Que nous ne croyons pas à la dégénérescence du vaccin.

2° Nous pensons que les atteintes de la variole attaquant les vaccinés, la possibilité des revaccinations sont ce qu'elles étaient dès l'année 1815, époque où l'hypothèse de la dégénérescence du vaccin nous paraît peu acceptable.

Nous disons que les effets du vaccin, tout admirables qu'ils sont, aujourd'hui comme autrefois, ne sont pas encore ce qu'ils pourraient être.

Pour que les résultats de la vaccination soient plus sûrs, nous pensons qu'il faut apporter une attention plus rigoureuse encore qu'on ne l'a fait jusqu'alors pour que la vaccination soit très bien faite de bras à bras, que la revaccination soit pratiquée aussi de bras à bras, huit jours ou peu de temps après la première vaccination, et autant de fois qu'il sera nécessaire pour être bien certain que le sujet vacciné est arrivé au degré complet de saturation vaccinale, enfin pour qu'en temps d'épidémie les revaccinations soient pratiquées en aussi grand nombre que possible pour obvier à la disparition ou diminution de la saturation vaccinale.

Nous déclarons d'après de nombreuses expériences que la vaccination animale n'est pas inférieure à la vaccination ordinaire et que les praticiens qui l'emploient dans l'espoir qu'ils ont de revivifier, de régénérer le vaccin qu'ils croient affaibli, dégénéré, ne portent aucun préjudice à la vaccination, qu'au contraire ils sont sûrs de rencontrer dans la vaccination animale une source abondante de vaccin pur.

Avec la vaccination animale comme avec la vaccination ordinaire, il faut user des revaccinations pour s'assurer que la saturation vaccinale est suffisante.

Nous ne pouvons terminer ce rapport sans remercier, au nom de tous les vaccinateurs, le Conseil général de la Seine-Inférieure, pour les encouragements qu'il accorde au service de la vaccine, et M. le Sénateur-Préfet, qui se fait toujours le soutien puissant des intérêts de l'art médical.

Après avoir entendu les conclusions de la Commission permanente de vaccine, Le Conseil central d'hygiène publique et de salubrité de la Seine-inférieure a l'honneur de proposer à M. le Sénateur-Préfet d'approuver la distribution des récompenses à décerner aux vaccinateurs, pour la période triennale 1865, 1866, 1867, ainsi qu'il suit :

HORS DE CONCOURS.

(Distinction honorifique au vaccinateur déjà plusieurs fois récompensé).

MM. le Dr Alfred Vy, Elbeuf.

le Dr Hachard, Saint-Romain-de-Colbosc.

le Dr Maire, Havre.

Chilhaud, Mesnil-Esnard.

Ternisien, Foucarmont.

Dupont, Veules.

Couturier, Cailly.

Lefebvre, Ry.

Gaudin, Quincampoix.

Barbet, Valmont.

Levasseur, Oissel.

le Dr Vaucanu, Yvetot.

le Dr Pigné, Lillebonne.

le Dr Bouteiller, Rouen.

le Dr Canu, Yvetot.

Dajon, Blangy.

Jacquetin, Varvannes.

RAPPEL DE LAURÉAT.

MM. Thery, Saint-Nicolas d'Aliermont. 3e rappel.

Mallet, à la Cerlangue. 3e rappel,

Leroy, Pavilly. 3e rappel.

Prévost, Torcy-le-Grand. 3e rappel.

le Dr Delabrosse, Rouen. 2e rappel.

Laurent, Saint-Victor-l'Abbaye. 2e rappel.

le Dr Dumesnil, Quatre-Mares, 1er rappel.

le Dr Marquezy, Neufchâtel, 1er rappel,

MÉDAILLE D'OR (300 francs).

MM. le Dr Marois, Doudeville.

MÉDAILLES DE VERMEIL PREMIÈRE CLASSE (150 francs).

MM. le Dr Murelle, Rouen,
  Ricœur, Saint-Laurent-en-Caux.
  Houel fils, Goderville.

MÉDAILLES DE VERMEIL DEUXIÈME CLASSE (100 francs).

MM. Guyot, Sotteville-lès-Rouen.
  Houel père, Sassetot-le-Mauconduit.
  Meule, Saint-Saens.
  le D^r Ch. Hélot, Bolbec.
  Richard, Yerville.
  Diligence, Londinières.
  Renault, Saint-Valery.
  Milhet, Grandcourt.
  Langlois, Bosc-le-Hard.
  Bellevue, Havre.
MM^{lles} Louise Griboval, Rouen,
  Lemoyne, Bacqueville.
 MM. Friard, Rouen.
  Lefebvre, La Neuville-Chant-d'Oisel.
  Quesnel, La Bouille.
  Vautier, Oissel.
  le Dr Bisson, Caudebec-lès-Elbeuf.
  Lasnon, Grandes-Ventes.

MÉDAILLES D'ARGENT PREMIÈRE CLASSE (70 francs).

Mme Colas, Havre.
MM. le Dr Remoussin, Ouville-la-Rivière.
  Trogneux, Fontaine-le-Dun.

MM. Saint-Denis, Vittefleur.

Pasquier, Guerbaville-la-Mailleraye.

Decorde, Fréville.

Bayeul, Croixmare.

Lesueur, Bezancourt.

Cavé, Dampierre.

Mme Lenormand, Caudebec-en-Caux.

MM. Darragon, Forges.

le Dr Lethoré, Mesnil-Raoult.

Hurpin, Caule-Sainte-Beuve.

le Dr Fortin, Canteleu.

le Dr Leroy, Rouen

Ricœur, Triquerville.

le Dr Duchesne, Havre.

le Dr J.-A. Dumesnil, Rouen.

le Dr Gueroult, Caudebec-en-Caux.

Jacquelin, Préaux.

Mme Griboval, Bolbec.

Desavoye, Bourg-Dun.

le Dr Omouton, Yvetot.

Mlle Lesueur, Crosville-sur-Scie.

le Dr Duchesne, Pavilly.

le Dr Lecoq, Cany,

Mlle Duchesne, Gournay.

Mme Vieuxbled, Luneray.

M. Frianville, Envermeu.

MÉDAILLES D'ARGENT.

MM. Broquin, Saint-Etienne du Rouvray.

l'abbé Duvallet, Ganzeville.

Mme Caruel, Varengeville.

MM. Chéron, Duclair.

MM. le Dr Launay, Havre.

Lefrançois, à la Mi-Voie.

Olivier, Rouen.

Mme Lemaitre, Guerville.

MÉDAILLES DE BRONZE.

MM. Lemaire d'Ecosse, secrétaire à la mairie de
  Blangy.

Lereffait, adjoint au maire, à Saint-Pierre-de-
  Franqueville.

Lainé, instituteur, à Auzouville-sur-Ry.

Fontaine, instituteur, Saint-Denis-le-Thiboult:

L'abbé Jacquemet, curé à Limésy.

L'abbé Hédouin, curé doyen, à Boos.

Lemonnier, maire, aux Grandes-Ventes.

Lasnier, instituteur, à St-Waast-d'Equiqueville.

Bardé, instituteur, à Biville-sur-Mer.

Gaillon, adjoint au maire de Bracquemont.

RÉCOMPENSES ACADÉMIQUES OBTENUES PAR LES VACCINATEURS DEPUIS 1859 JUSQU'EN 1866.

1860 : MM. Chilhaud, médecin, au Mesnil-Esnard ;
Sauvage, à Malaunay. — 1861 : MM. Cavoret père, médecin, à Duclair; Bataille père, médecin à Maromme. —
1862 : M. Pivain, à Caudebec-lès-Elbeuf. — 1863 :
M. Gaudin, médecin, à Quincampoix. — 1864 : M. le Dr Bouteiller, médaille d'or ; Diligence, médecin, à Londinières ;
Gaudin, médecin, à Quincampoix. — 1865 : MM. Dumesnil,
médecin, à Quatre-Mares ; M. Laurent, médecin, à Saint-
Victor-l'Abbaye. — 1866 : M. Marois, à Doudeville,
médaille d'argent.

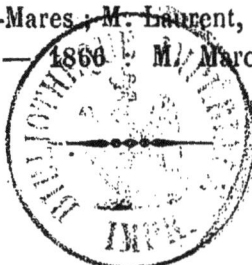

Rouen. — Imp. de H. BOISSEL, rue de la Vicomté, 55.

www.ingramcontent.com/pod-product-compliance
Lightning Source LLC
Chambersburg PA
CBHW071410200326
41520CB00014B/3381